ANT

a a a a a a a a a a a a a a

A A A A A A A A A

𝒷 ℬ

**BURGER**

𝒷 𝒷 𝒷 𝒷 𝒷 𝒷 𝒷 𝒷 𝒷 𝒷 𝒷 𝒷 𝒷

ℬ ℬ ℬ ℬ ℬ ℬ ℬ ℬ ℬ ℬ ℬ ℬ ℬ

**CROW**

c c c c c c c c c c c c c c c c c

ℓ ℓ ℓ ℓ ℓ ℓ ℓ ℓ ℓ ℓ ℓ ℓ ℓ ℓ

**DOLL**

d d d d d d d d d d d d d

D D D D D D D D D D

e E

**ELEPHANT**

e e e e e e e e e e e e e e e

E E E E E E E E E E E E E E

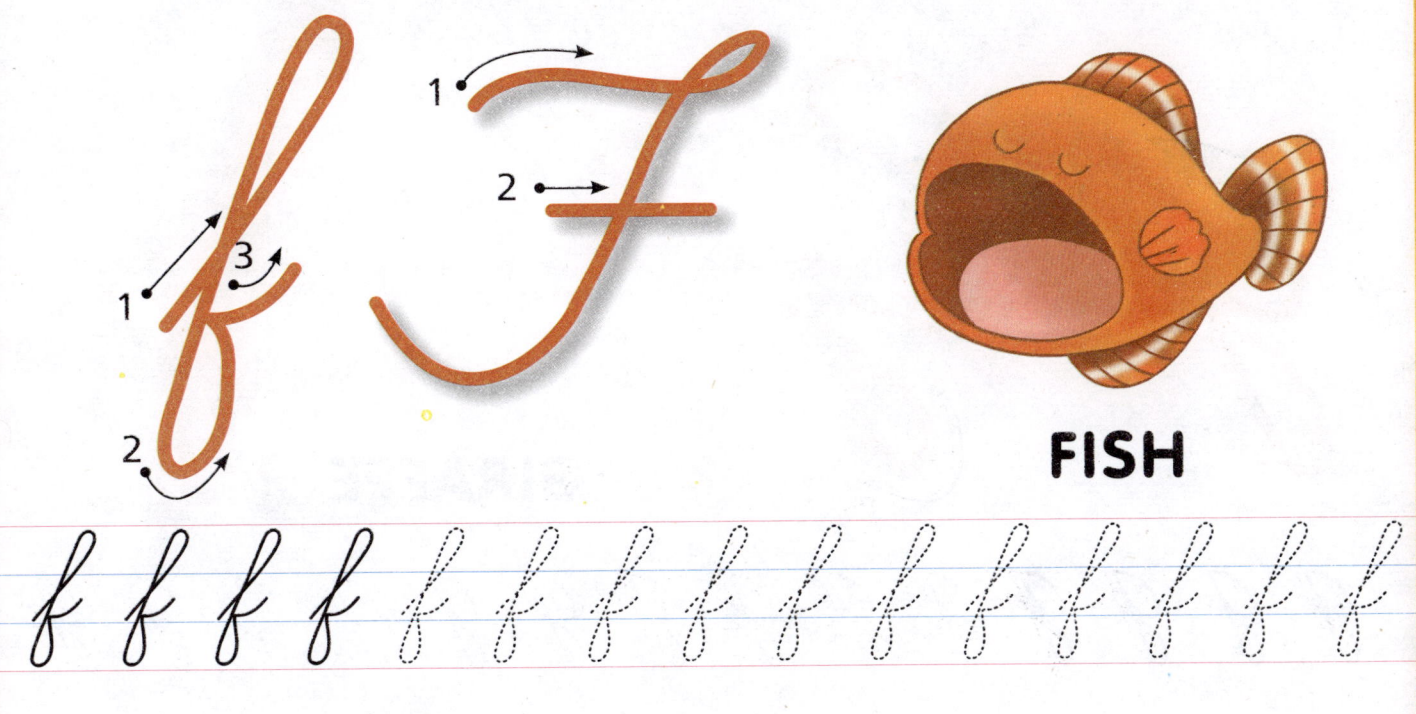

**FISH**

g G

**GIRAFFE**

g g g g g g g g g g g g g

G G G G G G G G G G G

HIPPOPOTAMUS

*i* *I*

**ICE CREAM**

*i i i i i i i i i i i i i i i i i i i*

*I I I I I I I I I I I I I I I*

**JEEP**

KITE

k k k k k k k k k k k k k

K K K K K K K K K K

**LION**

# m M

**MANGO**

# m  n

**NACHOS**

n n n n n n n n n n n n

n n n n n n n n n n n

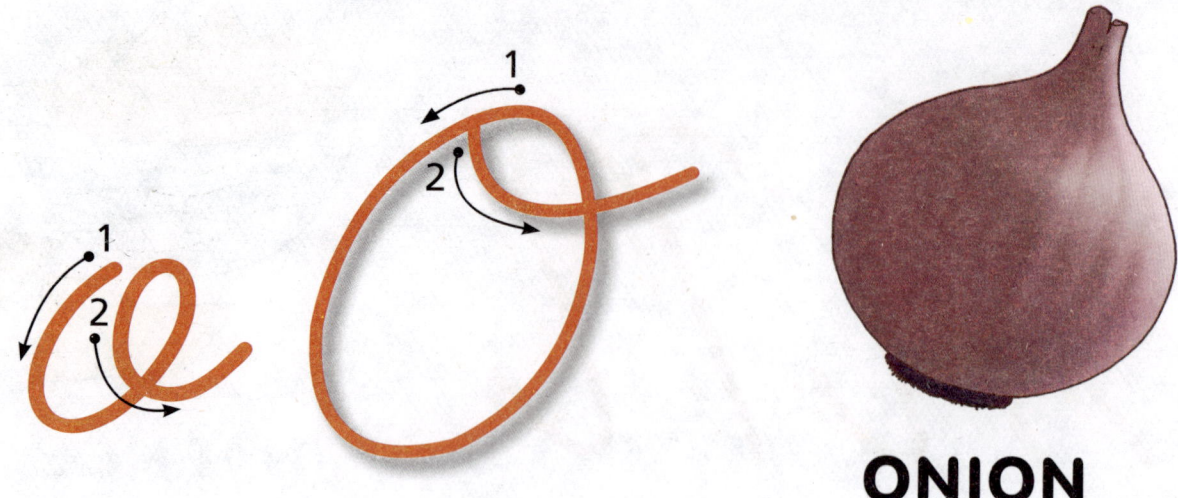

**ONION**

o o o o o o o o o o o o o o o o

O O O O O O O O O O

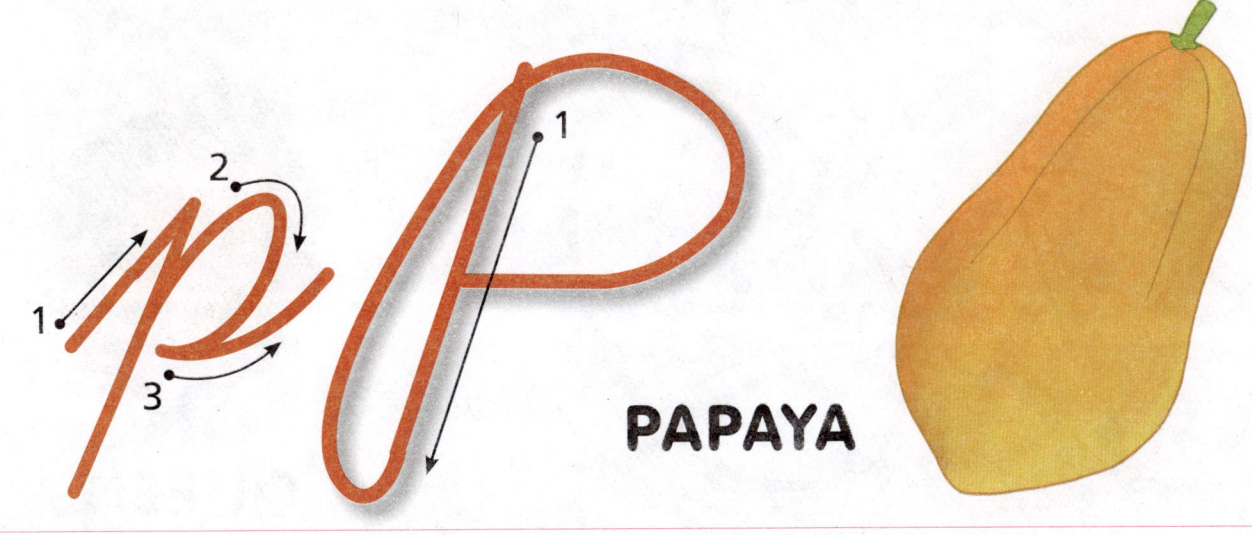

**PAPAYA**

p p p p p p p p p p p p

P P P P P P P P P P P P

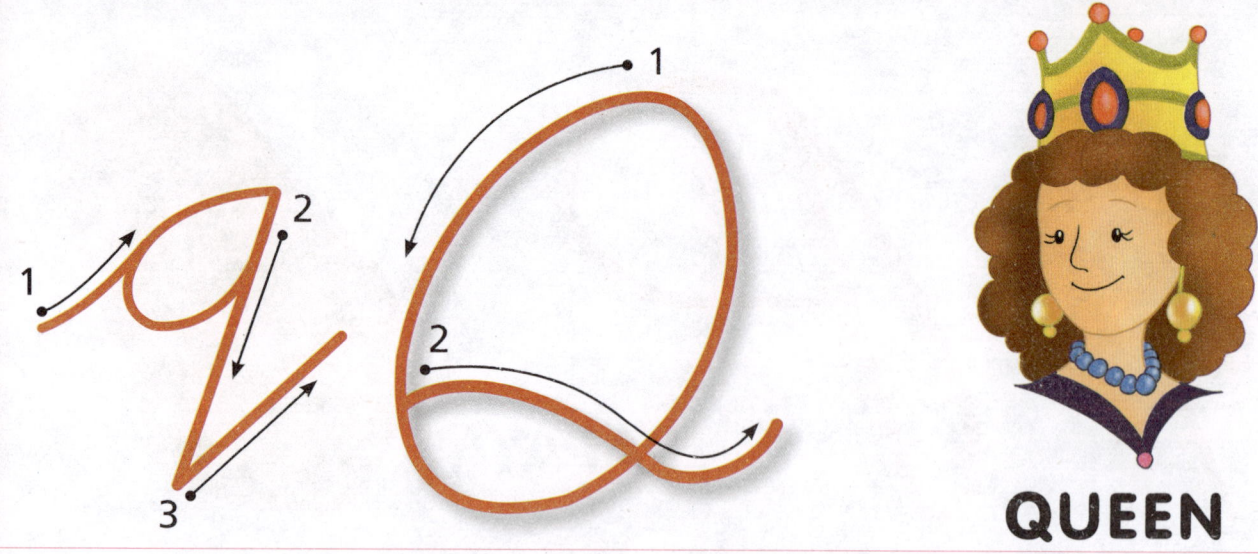

**QUEEN**

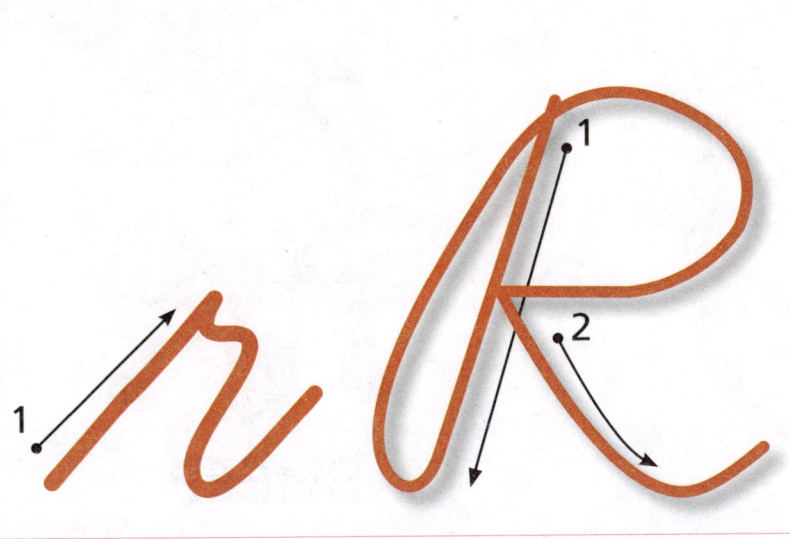

**RADISH**

r r r r r r r r r r r r r r

R R R R R R R R R R R R

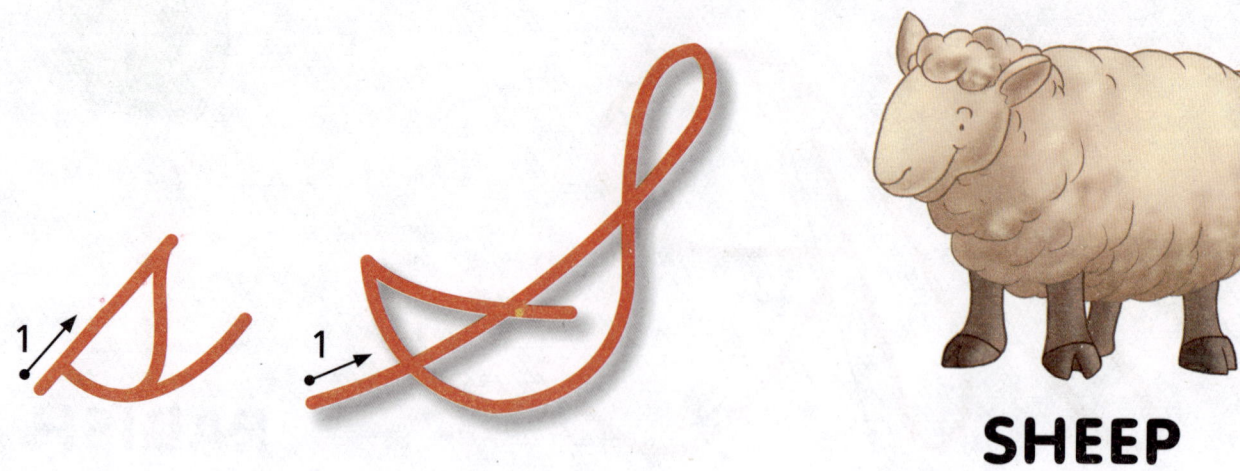

**SHEEP**

𝓉 𝒯

**TEA**

𝓉 𝓉 𝓉 𝓉 𝓉 𝓉 𝓉 𝓉 𝓉 𝓉 𝓉 𝓉 𝓉 𝓉 𝓉 𝓉

𝒯 𝒯 𝒯 𝒯 𝒯 𝒯 𝒯 𝒯 𝒯 𝒯 𝒯 𝒯

UMBRELLA

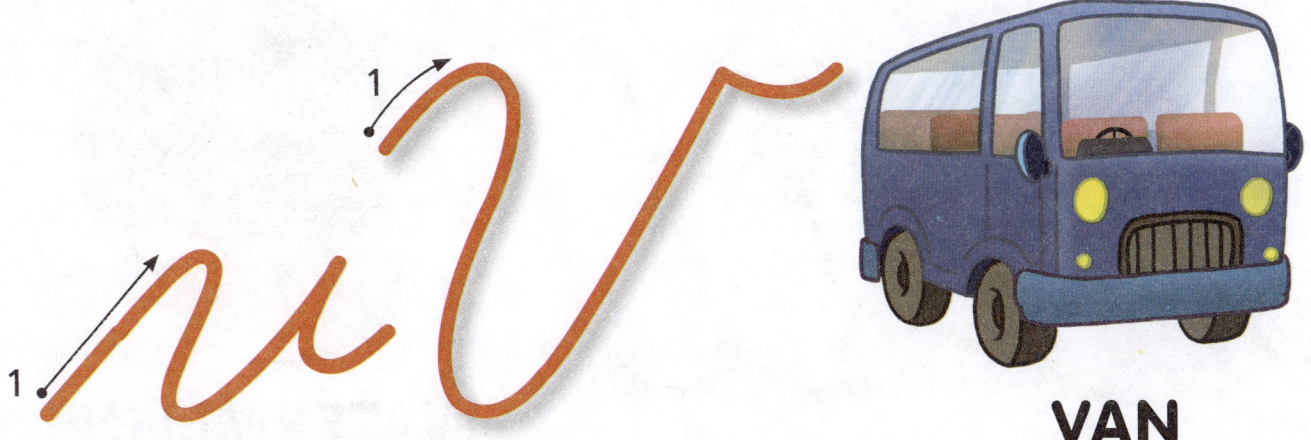

**VAN**

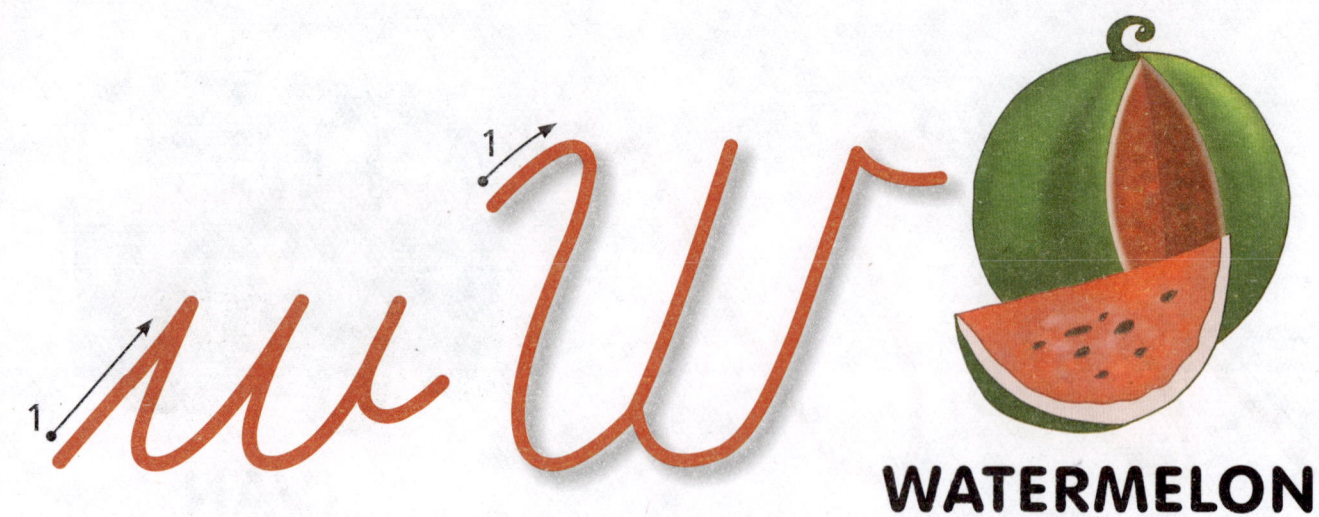

**WATERMELON**

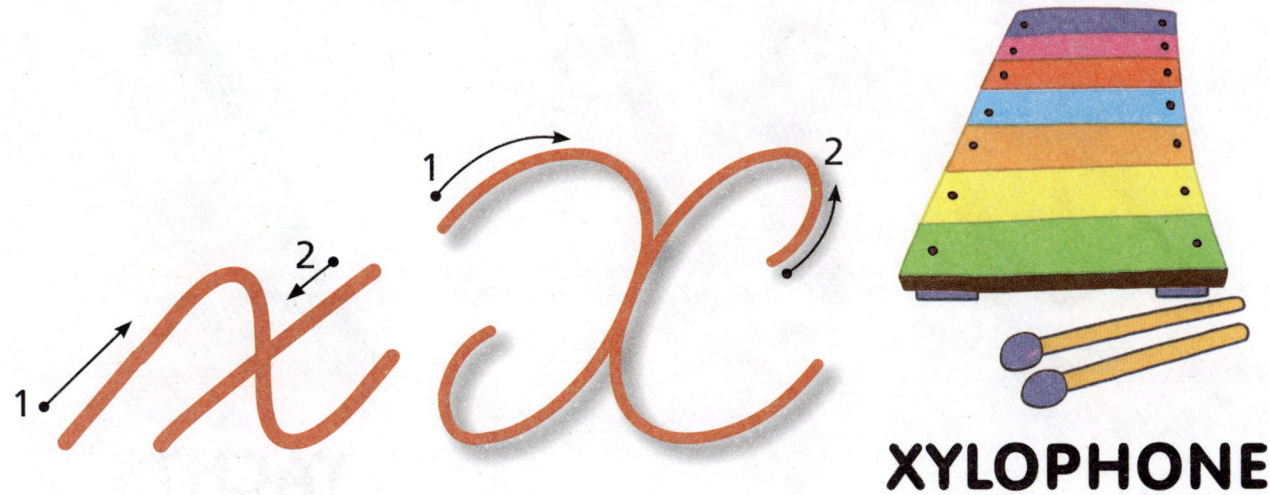

**XYLOPHONE**

y Y

**YACHT**

**ZEBRA**

# Small Alphabet

a b c d e f

g h i j k l

m n o p q r

s t u v w x

y z

# Capital Alphabet

A B C D E F
G H I J K L
M N O P Q R
S T U V W X
Y Z

# Practice Alphabet

# Practice Alphabet

# Match the following